LA PIERRE DE ROSETTE

LA PIERRE DE ROSETTE

Carol Andrews

Département des Antiquités Egyptiennes
British Museum

Traduit de l'anglais par Michèle Riley

Publié pour les Trustees of the British Museum
par British Museum Press

Titre original: *The Rosetta Stone*
Traduction française © 1993 The Trustees of the British Museum
Troisième impression 1996

Publié par British Museum Press
Une division de la British Museum Company Ltd
46 Bloomsbury Street, London WC1B 3QQ
Grande-Bretagne

ISBN 0-7141-0970-3

Composé en caractère Baskerville par Rowland Phototypesetting Ltd
et imprimé en Grande-Bretagne par St Edmundsbury Press Ltd,
tous deux à Bury St Edmunds, Suffolk

Remerciements
Les photographies des pages 10, 21, 24 et 25
sont reproduites avec l'aimable permission
de Anna Benson Gyles.

TABLE DES MATIERES

LA PIERRE DE ROSETTE

Les hiéroglyphes avant le déchiffrement

C'est le 24 août 394 après Jésus-Christ sur l'île de Philae, à la frontière sud de l'Egypte, que les hiéroglyphes furent, semble-t-il, utilisés pour la dernière fois pour graver la langue égyptienne ancienne. La dernière inscription sur pierre en démotique, la plus tardive et cursive des trois écritures employées par les anciens Egyptiens, date de moins de soixante ans plus tard, à savoir 452 de notre ère. Bien qu'il soit possible que l'on ait continué pour un temps encore à écrire le démotique avec encre et pinceau sur papyrus, le fait est que l'Egypte ancienne est restée muette pendant les 1370 ans qui suivirent, car l'art de lire ses anciennes écritures s'était perdu. Plus personne ne savait faire parler les innombrables inscriptions hiéroglyphiques qui couvraient ses monuments, ni les textes en hiératique et démotique cursifs qui se pressaient sur les papyrus et les éclats de pierre ou de poterie. La langue elle-même a cependant survécu, écrite au moyen de l'alphabet grec augmenté de sept signes empruntés au démotique, sous une forme que l'on appelle le copte, et qui est l'écriture et la langue des descendants chrétiens des anciens Egyptiens. En fait le mot «copte» est tout simplement une forme de «aiguptios», c'est-à-dire «égyptien». Le copte en tant que langue parlée s'est éteint au seizième siècle de notre ère, mais on continue à le lire dans les églises coptes de nos jours. Son vocabulaire consiste en un mélange de mots en égyptien ancien et grec. De plus, et c'est d'une importance capitale pour la suite, les premiers livres de lecture coptes étaient écrits en arabe, de sorte que quiconque savait lire l'arabe avait accès à la dernière forme de la langue égyptienne ancienne.

Même lorsque l'égyptien ancien était encore une langue vivante, les Grecs et les Romains ne se soucièrent pas vraiment de comprendre les écritures dans lesquelles il apparaissait. Parmi les érudits de l'Antiquité, seul Clément d'Alexandrie, écrivant aux deuxième et troisième siècles de notre ère, a fait une distinction nette entre les hiéroglyphes, écriture des textes officiels et religieux, et le démotique, écriture des communications courantes. En particulier la nature énigmatique, ésotérique et symbolique des hiéroglyphes était soulignée; aux yeux des écrivains classiques, la cursive démotique n'offrait pratiquement aucun intérêt par rapport à l'écriture imagée. Déjà au premier siècle avant Jésus-Christ, l'historien grec Diodore de Sicile écrivait, commentant les hiéroglyphes : «Maintenant il se trouve que la configuration de leurs lettres [en égyptien] prend la forme de toutes sortes de créatures vivantes, des extrémités du corps humain et d'instruments ... Car leur écriture n'exprime pas l'idée en question par une combinaison de syllabes, les unes avec les autres, mais par l'apparence extérieure de ce qui a été copié, et par la valeur métaphorique imposée à la mémoire par la pratique . . . Ainsi le faucon symbolise pour eux tout ce qui se passe avec rapidité, car cette créature est parmi les plus rapides des animaux ailés. Et l'idee est transférée, par transfert métaphorique approprié, à toutes choses rapides, et à toutes choses qui impliquent la vitesse.»

Au cours des premiers siècles de notre ère, l'adoption des hiéroglyphes par les philosophes néo-platoniciens, en tant qu'écriture inspirée par les dieux renfermant symboliquement toute la sagesse humaine, donna naissance à tout un corpus d'écrits hermétiques et à des traités tels que le *Hieroglyphica* de Horapollon. Le fait qu'ils furent parmi les premiers ouvrages sur le sujet à être redécouverts pendant la Renaissance en Europe explique que les savants des seizième et dix-septième siècles considéraient traditionnellement les hiéroglyphes comme purement symboliques, et renfermant dans leurs signes la science perdue de l'Egypte ancienne. L'influence de cette croyance sur les tentatives de déchiffrement est parfaitement mise en lumière par l'exemple du prêtre allemand Athanasius Kircher; dans un ouvrage du milieu du dix-septième siècle, il prétendait pouvoir lire des phrases entières dans ce qui s'avérera plus tard être un seul mot écrit alphabétiquement en hiéroglyphes.

Les activités de la France en Egypte à la fin du dix-huitième siècle rendirent accessible aux savants attachés au problème du déchiffrement des hiéroglyphes quantité de matériel gravé et inscrit. Qui plus est, une nouvelle école se faisait jour, qui rejetait la valeur symbolique et ésotérique des hiéroglyphes, comprenant qu'ils étaient plutôt des signes utilisés pour transcrire une langue ancienne, et que le hiératique et le démotique n'étaient que des formes cursives de la même écriture. En conséquence il est presque certain que la clef du déchiffrement des hiéroglyphes aurait été trouvée un jour ou l'autre, même sans la découverte de textes bilingues tels que celui qui se trouve sur la Pierre de Rosette, mais il est impossible de dire de combien de temps la compréhension des anciennes écritures égyptiennes s'en serait trouvée retardée.

La découverte de la Pierre de Rosette

La dalle de pierre granitoïde, connue depuis près de deux siècles comme la Pierre de Rosette, est conservée dans la galerie de sculpture égyptienne du British Museum à Londres. Son nom vient de l'endroit où elle a été trouvée, un petit village du Delta occidental appelé Rachîd, plus connu des Européens sous le nom de Rosette, situé à quelques kilomètres de la mer, sur la branche bolbitine du Nil. Les circonstances de sa découverte, vers le milieu du mois de juillet 1799, ne sont pas entièrement claires. Selon une version, elle se trouvait purement et simplement sur le sol; selon une autre version plus probable en revanche, elle était insérée dans un très vieux mur qu'une compagnie de soldats français avait ordre de démolir pour faire place aux fondations d'un agrandissement du fort connu plus tard sous le nom de Fort Julien. La carte d'Egypte de

Bloc antique inscrit en hiéroglyphes et incorporé dans un mur à Rosette.

Bonaparte montre que le Fort Julien se trouvait sur la rive occidentale ou gauche du Nil.

L'officier qui commandait l'équipe de démolition, un lieutenant du Génie du nom de Pierre François Xavier Bouchard, et ses collègues officiers passent pour avoir compris presque immédiatement l'importance des trois inscriptions distinctes de la Pierre, à savoir qu'elles représentaient chacune une version d'un même texte dans trois écritures différentes. Etant donné que la dernière était en grec, et pouvait donc être lue, il était clair que sa traduction donnerait la clef du déchiffrement des hiéroglyphes de la première section. Le général Menou fit presque sur le champ établir une traduction d'une partie du texte grec, pour se faire une idée de la nature du texte.

Ce n'est qu'en septembre 1799, dans le *Courrier d'Egypte*, que la nouvelle de la découverte de la Pierre et de son importance possible fut rendue publique, alors qu'elle avait déjà été envoyée au Caire et placée à l'Institut d'Egypte, que Bonaparte venait de fonder. Dès son arrivée au Caire, à la mi-août, la Pierre fut immédiatement l'objet du plus grand intérêt pour le corps de savants que Bonaparte avait emmenés avec lui en Egypte. L'inscription située entre les sections hiéroglyphique et grecque fut rapidement identifiée par Jean-Joseph Marcel et Rémi Raige comme l'écriture cursive dérivée des hiéroglyphes et appelée démotique ou, selon leur dénomination, enchoriale; aucun pro-

Troupes françaises de la Force Expéditionnaire de Bonaparte en parade à Rosette.

grès cependant ne fut fait dans son déchiffrement, ni dans celui de la section hiéro-glyphique. Par la suite il fut décidé qu'un certain nombre de copies des inscriptions de la Pierre seraient faites et envoyées aux savants européens, et les deux lithographes spécialistes de l'Institut, Marcel et A. Galland, furent chargés de les réaliser. La méthode utilisée consistait à recouvrir la surface de la Pierre d'encre d'imprimerie, poser une feuille de papier par-dessus, et faire passer des rouleaux de caoutchouc jusqu'à l'obten-tion d'une bonne impression. Plusieurs de ces impressions à l'encre furent envoyées à des savants de renom aux quatre coins de l'Europe et, à l'automne 1800, deux copies furent présentées au citoyen du Theil de l'Institut National de Paris par le général Dugua, à son retour d'Egypte.

Comment la Pierre est parvenue en Angleterre

Lorsque le Caire fut menacé par les opérations victorieuses de Sir Ralph Abercromby en Egypte au printemps 1801, les savants de l'expédition française décidèrent de quitter la capitale pour gagner la sécurite d'Alexandrie; ils emportèrent avec eux leurs notes, spécimens et collections d'antiquités, parmi lesquelles se trouvait la Pierre de Rosette. L'ironie suprême est que, s'ils étaient restés dans la capitale, ils auraient bénéficié des termes de sa capitulation, ce qui leur aurait permis de rentrer en France avec tous les objets en leur possession. Au lieu de cela, en vertu de l'article XVI de la Capitulation d'Alexandrie, ils furent contraints d'abandonner la Pierre de Rosette ainsi que plusieurs autres grandes et importantes antiquités égyptiennes au général Hutchinson à la fin du mois d'août de cette année. Il en envoya immédiatement une partie en Angleterre à bord du HMS *Admiral*, une autre sur le HMS *Madras*, mais la Pierre de Rosette ne quitta l'Egypte que plus tard dans l'année.

A Alexandrie elle avait été transférée dans un entrepôt où elle se trouvait parmi les bagages du général Menou, recouverte d'un tissu et sous une double natte. En septembre 1801, lorsque le colonel (par la suite, général de brigade) Turner revendiqua la Pierre aux termes du traité de capitulation, le général français refusa de la livrer, affirmant qu'elle était sa propriété privée. Sa cession fut en conséquence la source de difficultés. Un témoin oculaire, Edward Clarke, voyageur et amateur d'antiquités anglais, note que la Pierre fut remise «dans les rues d'Alexandrie» par un officier français et un membre de l'Institut, en présence de William Hamilton (un autre voyageur et amateur d'antiquités anglais), un certain M. Cripps et l'auteur. En dépit de l'escorte militaire britannique, l'officier français conseilla de faire sortir la Pierre de la ville avant que les troupes françaises ne se rendent compte de ce qui s'était passé.

Dès qu'il fut en possession de la Pierre, le colonel Turner s'embarqua avec elle à bord du HMS *L'Egyptienne*, et arriva à Portsmouth en février 1802. Le 11 mars, la Pierre fut déposée au siège de la Society of Antiquaries à Londres; elle y resta quelques mois pour permettre à un certain nombre d'orientalistes et d'hellénisants de l'examiner de près. En juillet, le président de la Société fit faire quatre moulages de plâtre pour les universités d'Oxford, Cambridge, Edimbourg et Trinity College, Dublin; il fit également graver de bonnes copies du texte grec, qu'il envoya à toutes les grandes universités, bibliothèques, académies et sociétés d'Europe. Vers la fin de cette année-là, la Pierre fut transportée de la Society of Antiquaries au British Museum, où elle fut montée et immédiatement exposée au public. Elle y est restée exposée depuis.

Description de la Pierre

Même dans son état incomplet, la Pierre de Rosette est un monument imposant, mesurant 114 cm de hauteur et 72 cm de largeur, pour une épaisseur de 28 cm. Son poids est porté à 762 kg. Une partie importante du coin supérieur gauche, une portion plus étroite de l'angle supérieur droit, et le coin inférieur droit sont manquants. La partie supérieure de la pierre était presque certainement cintrée et, s'il l'on en juge par les autres stèles ptolémaïques de même type, devait avoir été ornée d'un relief représentant le disque solaire ailé de l'Horus d'Edfou encadré de deux uraeus, l'un coiffé de la couronne de Haute-Egypte, l'autre de la couronne de Basse-Egypte, et chacun portant l'anneau-*shen* et un éventail cérémoniel. Au-dessous de ce disque devait se trouver une représentation du roi, debout et en présence de divers dieux et déesses; une telle scène se trouve sur la partie supérieure de la stèle de Damanhour, qui comprend une copie de la section hiéroglyphique de la Pierre de Rosette (voir *infra*). Lorsqu'elle était entière, la Pierre devait mesurer entre 152,5 et 183 cm de hauteur; érigée près de la statue du roi en l'honneur duquel elle avait été gravée, elle devait être un monument marquant du temple dans lequel elle était exposée.

Les inscriptions sur la Pierre de Rosette sont écrites en deux langues, l'égyptien et le grec, mais dans trois écritures différentes. Le premier des textes égyptiens est écrit en HIÉROGLYPHES, l'écriture conventionnelle imagée en usage depuis le début de la Ière dynastie, près de 3000 ans auparavant. Les hiéroglyphes sont utilisés principalement comme écriture monumentale pour graver dans des matériaux durs, ou pour peindre de façon élaborée et détaillée sur plâtre ou bois. Ils apparaissent sur presque tous les supports; mais sur papyrus, pratiquement dès le début, ils sont généralement remplacés par le HIÉRATIQUE, une écriture cursive dérivée des hiéroglyphes. Le second texte égyptien sur la Pierre de Rosette est en DÉMOTIQUE, une écriture extrêmement cursive qui a évolué à partir d'une forme abrégée et modifiée du hiératique, et qui a remplacé le hiératique dans tous les domaines à l'exception de la rédaction des textes religieux, à partir d'environ 643 avant J.-C. L'inscription grecque est écrite en lettres grecques majuscules.

Le texte hiéroglyphique n'est conservé que partiellement sur les 14 dernières lignes, ce qui correspond aux dernières 28 lignes, elles-mêmes endommagées, du texte grec. La section démotique comprend 32 lignes, dont 14 endommagées en début de ligne (le texte se lit de droite à gauche), et le texte grec 54 lignes, dont les 26 dernières endommagées en fin de ligne. La plupart des lignes manquantes de la section hiéroglyphique peut être restorée à partir d'une copie du décret qui apparaît sur une stèle découverte en 1898 à Damanhour, l'ancienne Hermopolis Parva, dans le Delta, et à present conservée au musée du Caire (no. 22188). Etant donné que cette copie fut établie quatorze ans après le texte de la Pierre de Rosette, certaines clauses, pertinentes en l'an IX du règne de Ptolémée V mais ayant perdu de leur importance en l'an XXIII, sont omises et ne peuvent être rétablies qu'à partir de la section démotique. Une autre version du texte de la Pierre de Rosette, datant de l'an XXI de Ptolémée V, fut gravée sur les murs du *mammisi* du temple d'Isis à l'île de Philae.

Les premiers déchiffreurs de la Pierre de Rosette

La première traduction en anglais du texte grec de la Pierre de Rosette fut lue à Londres en avril 1802 par le révérend Stephen Weston devant les membres de la Society of Antiquaries. Une traduction française avait déjà été établie par le citoyen du Theil, utilisant les impressions à l'encre que le général Dugua avait remises à l'Institut National. Du Theil révéla que la Pierre était «un monument de gratitude de certains prêtres d'Alexandrie, ou quelque endroit avoisinant, envers Ptolémée Epiphane»; une traduction en latin, par le citoyen Ameilhon, parut peu après à Paris en janvier 1801.

Les premières études du texte démotique sont dues à un orientaliste français, A. I. Silvestre de Sacy, et à un diplomate suédois, J. D. Åkerblad. En 1802, Silvestre de Sacy réussit à identifier dans la version démotique les équivalents de certains des noms propres qui apparaissaient dans la section grecque, à savoir Ptolémée, Arsinoé, Alexandre et Alexandrie. Åkerblad alla un peu plus loin et identifia tous les autres noms; il isola également les mots, écrits alphabétiquement, pour «temples» et «grecs», de même que le suffixe pronominal pour «lui» et «ses». Malheureusement, Silvestre de Sacy et Åkerblad pensaient tous deux à tort que, parce que les mots démotiques qu'ils avaient déchiffrés étaient écrits alphabétiquement, tous les mots démotiques étaient exclusivement alphabétiques.

C'est à l'anglais Thomas Young (1773–1829), auteur de la «théorie ondulatoire de la lumière», que revient le mérite d'avoir le premier compris que l'écriture égyptienne comportait à la fois des signes alphabétiques et des signes non-alphabétiques. Young était un médecin et un physicien qui avait une connaissance surprenante des langues, et dont l'intérêt pour l'égyptologie et la langue égyptienne avait été suscité par la lecture d'un article où il était question de la Pierre de Rosette et de sa langue inconnue. Ses premiers travaux, cependant, portèrent sur un papyrus funéraire en mauvais état écrit en hiéroglyphes cursifs ou linéaires. Ce n'est qu'à l'été 1814 qu'il emporta avec lui une copie de la section démotique de la Pierre de Rosette, lors de sa visite annuelle à Worthing, sur la côte sud de l'Angleterre. Young comprit vite l'erreur de la théorie alphabétique d'Åkerblad pour le démotique et, ce qui est encore plus important, il se rendit compte de la relation étroite entre hiéroglyphes et démotique. Ses premières études de documents rédigés en hiératique et hiéroglyphes linéaires l'amenèrent rapidement à comprendre que le hiératique était également une écriture dérivée des hiéroglyphes.

Avec la Pierre de Rosette, sa méthode consistait à trouver un mot dans le texte grec qui apparaissait plus d'une fois, puis d'isoler dans la section démotique un groupe de signes qui apparaissait un nombre à peu près égal de fois. Le groupe qui apparaissait presque à chaque ligne devait être, décida-t-il, le démotique pour «et». Après cela, les groupes qui apparaissaient le plus fréquemment devaient correspondre à «roi», «Ptolémée» et «Egypte». Il écrivit donc les équivalents grecs par-dessus les groupes de signes démotiques identifiés. Ainsi Young obtint des identifications démotiques probables avec des mots grecs traduisibles insérés dans la version démotique. Combler les manques a dû être extrêmement difficile. Il était de plus handicapé par le caractère lacunaire du texte, et par le fait que le texte démotique n'était pas une traduction littérale du grec, ni le grec une traduction littérale du démotique. Malgré cela, Young ne tarda pas à établir un vocabulaire grec-démotique qui ne comptait pas moins de quatre-vingt-six groupes de signes, pour la plupart correctement identifiés, mais presque tous incorrectement translitérés.

Il s'attacha ensuite à démontrer que, comme l'avaient deviné bien longtemps auparavant C. J. de Guignes et J. Zoëga, les ovales allongés, ou cartouches, dans la section

Thomas Young FRS (1773–1829).

hiéroglyphique de la Pierre contenaient un nom royal, dans le cas présent celui de Ptolémée. Les découvertes de Young ne se limitèrent pas à la Pierre de Rosette. En 1816, très ingénieusement, et avec un peu de chance également, il identifia à partir de la copie d'une inscription de Karnak le cartouche de la reine Bérénice qui se trouvait à côté du cartouche de son époux, le roi Ptolémée Sôter. A partir de ces deux noms, il avait réussi à isoler correctement la valeur phonétique de six signes, en partie correctement trois autres signes, tandis qu'il avait identifié incorrectement quatre signes. De plus, il avait très justement suggéré qu'un autre cartouche devait être celui du roi Thoutmosis III de la XVIIIe dynastie, reconnu les hiéroglyphes alphabétiques pour «f» et «t», le déterminatif utilisé dans les textes de Basse Epoque à la fin des mots féminins, et la notation de plusieurs chiffres. Au total il parvint à mettre en rapport, de façon correcte ou en partie correcte, quatre-vingts mots démotiques environ avec leurs équivalents hiéroglyphiques et, grâce aux mots grecs, à en traduire la plupart. Les carnets manuscrits de Young renfermant la majeure partie de ses travaux sur les hiéroglyphes entre 1814 et 1818 sont conservés au Département des Manuscrits de la British Library (Add. MSS 27281–5).

Young communiqua le résultat de ses recherches au savant français Jean-François Champollion (1790–1832), et les publia également dans un article du *Supplement to the Encyclopaedia Britannica* (4ème édition) en 1819. Et pourtant, deux ans plus tard, Champollion croyait encore à tort que les hiéroglyphes étaient symboliques et sans valeur phonétique, comme en témoigne son article «De l'écriture des anciens Egyptiens», publié en 1821. Mais, quelques mois après avoir écrit cet article, il reçut une copie de l'inscription bilingue en hiéroglyphes et grec provenant d'un obélisque et de son socle trouvés en 1815 à Philae par W. J. Bankes. Bankes avait vu juste en pensant que l'un des cartouches dans la section hiéroglyphique épelait le nom de Cléopâtre, et l'avait noté en marge de la copie qui finit par parvenir jusqu'à Champollion. Lorsque Champollion compara ce nouveau cartouche avec le cartouche de Ptolémée sur la Pierre de Rosette, il se rendit compte qu'ils avaient trois signes en commun, et apparaissaient dans les positions attendues si les noms de Ptolémée et Cléopâtre étaient écrits alphabétiquement. Ceci suffit à le persuader d'abandonner son ancienne théorie, suivant laquelle les hiéroglyphes étaient de purs symboles, et d'adopter le point de vue que, au moins dans certains cas, ils avaient une valeur phonétique. Il savait que Young était parvenu à cette conclusion avant lui, mais ne l'admit jamais par écrit.

En septembre 1822, Champollion présenta son importante *Lettre à M. Dacier relative à l'alphabet des hiéroglyphes phonétiques*, dans laquelle il augmentait de façon correcte et substantielle la liste de hiéroglyphes phonétiques établie par Young, et déchiffrait correctement les formes hiéroglyphiques des noms et titres de la plupart des empereurs romains d'Egypte. Entre ce moment et sa mort prématurée, il dressa une liste classifiée de hiéroglyphes, identifia les noms de nombreux rois égyptiens, et formula un système de grammaire et de déchiffrement général. Tandis que Young avait été incapable de progresser substantiellement après avoir trouvé la clef du problème du déchiffrement, Champollion poursuivit et posa les fondements sur lesquels repose notre connaissance

actuelle de la langue des anciens Egyptiens, et c'est à juste titre qu'il est considéré comme le Père du Déchiffrement des Hiéroglyphes.

Le déchiffrement des noms propres, tout en donnant la clef du système d'écriture, n'aurait pu permettre de comprendre la langue égyptienne sans l'aide du copte, l'écriture et la langue des descendants chrétiens des anciens Egyptiens (voir *supra*, p. 7). Dès son enfance, Champollion avait compris l'importance du copte pour le déchiffrement, et l'avait si bien étudié qu'il fut capable d'identifier avec leurs équivalents coptes nombre de mots égyptiens qu'il avait su lire. Dans ses travaux sur l'inscription de la Pierre de Rosette, sa connaissance du copte lui permit de déduire les valeurs phonétiques de nombreux signes syllabiques, et de donner des lectures correctes de caractères pictographiques dont la signification lui était connue par le texte grec.

La méthode du déchiffrement

Il était supposé à juste titre que l'ovale allongé ⬭, ou cartouche, contenait toujours un nom royal. Il n'y avait qu'un seul cartouche (répété six fois avec de légères variantes) dans la section hiéroglyphique de la Pierre de Rosette, et l'hypothèse était qu'il contenait le nom de Ptolémée car, étant donné la section grecque, il était certain que l'inscription concernait un Ptolémée. Il était également supposé que, si le cartouche contenait bien le nom de Ptolémée, alors les caractères hiéroglyphiques à l'intérieur devaient représenter les sons des lettres grecques, et que dans l'ensemble ils devaient représenter la forme grecque du nom Ptolémée. L'obélisque et son socle, que W. J. Bankes avait rapportés de Philae dans sa demeure de Kingston Lacy dans le Dorset, portaient une inscription bilingue en grec et en hiéroglyphes. Dans la section grecque du socle deux noms royaux, ceux de Ptolémée et de Cléopâtre, étaient mentionnés et, dans la section hiéroglyphique de l'obélisque, deux cartouches apparaissaient à peu de distance l'un de l'autre : ils furent naturellement supposés contenir les équivalents hiéroglyphiques de ces deux noms. Lorsque ces cartouches furent comparés au cartouche de la Pierre de Rosette, il apparut que l'un des deux contenait des signes presque identiques à ceux du cartouche de la Pierre de Rosette. En conséquence il y avait bonne raison de penser que le cartouche de la Pierre de Rosette et l'un de ceux de l'obélisque Bankes renfermaient le nom «Ptolémée» écrit en caractères hiéroglyphiques. Les cartouches en question apparaissaient ainsi :

sur la Pierre de Rosette

sur l'obélisque Bankes

Dans le second cartouche, le signe occupe la place des trois signes en fin du premier cartouche. Sur l'obélisque Bankes, le cartouche que l'on supposait renfermer l'équivalent égyptien du nom de Cléopâtre apparaissait sous cette forme :

Si l'on met l'un au-dessus de l'autre les cartouches de l'obélisque Bankes supposés renfermer les noms de Ptolémée et de Cléopâtre, et si l'on numérote les signes, cela donne :

A Ptolémée

B Cléopâtre

On voit immédiatement que A1 et B5 sont identiques et que, de par leur position dans les noms, ils doivent correspondre à la lettre P. A4 et B2 sont également identiques et, de par leur position, doivent correspondre à la lettre L. Etant donné que L est la seconde lettre dans le nom Cléopâtre, le signe B1 ($\triangle$) doit représenter la lettre K (Kleopatra en

L'obélisque Bankes à Kingston Lacy, dans le Dorset en Angleterre.

grec). Puisque l'on connaît la valeur des signes B1, 2 et 5, on peut faire la substitution suivante :

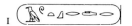

Dans la forme grecque du nom de Cléopâtre, il y a deux voyelles entre les lettres L et P et, dans la forme hiéroglyphique, on trouve deux signes ⌠ et ⌡ ; il est donc possible de supposer que ⌠ = E et ⌡ = O. Dans certaines formes du cartouche de Cléopâtre, B7 (⌢) est remplacé par ◠ qui est identique à A2 et B10. Etant donné que T est la seconde lettre du nom de Ptolémée et la septième du nom de Cléopâtre, on peut supposer que ⌢ et ◠ ont même valeur phonétique, et qu'ils représentent le son T. Dans la forme grecque du nom de Cléopâtre, il y a deux A dont la position correspond à B6 et B9, et donc on peut supposer que ⧄ a la valeur A. Si l'on substitue ces valeurs aux hiéroglyphes en B, cela donne :

Pour ce qui est des signes restants, les deux derniers (⌡) avaient été interprétés, presque correctement, par les premiers déchiffreurs comme étant la terminaison féminine. Thomas Young, cependant, plus justement considéra le groupe comme le déterminatif des noms de déesses, reines et princesses. Jusque-là, le seul signe à être encore sans équivalent phonétique est B8 (◠) ; par élimination, il doit représenter la lettre R. Si l'on insère cette valeur dans le cartouche de Cléopâtre, le nom entier se trouve déchiffré. Si l'on applique au cartouche de Ptolémée les valeurs obtenues avec le cartouche de Cléopâtre, on obtient les résultats suivants :

Il devient évident que le cartouche doit être celui de Ptolémée, mais il est également clair qu'un certain nombre de hiéroglyphes à l'intérieur du cartouche ne font pas partie intégrante du nom. Le cartouche de Ptolémée apparaît sous différentes formes dans la Pierre de Rosette, la plus simple étant : . Il devient ainsi évident que les autres signes doivent être des épithètes royales, correspondant à celles du texte grec signifiant «vivant éternellement, aimé de Ptah». La forme grecque de Ptolémée, c'est-à-dire Ptolemaios, se termine par un S, et il est donc légitime de penser que le dernier signe dans la forme la plus simple du cartouche, que l'on vient de mentionner, doit avoir la valeur phonétique S. Les seuls hiéroglyphes qui restent alors sont ⌐ et ||, et leur position dans le nom de Ptolémée suggère que leur valeur phonétique doit être M pour l'un, et pour l'autre une voyelle dans laquelle le son I prédomine. Ces valeurs, découvertes par tâtonnements et déduction par les premiers déchiffreurs, furent appliquées à d'autres cartouches, par exemple :

1   2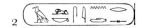

Le port de Rosette tel qu'il est aujourd'hui.

En 1 il est possible d'écrire la valeur de tous les signes à l'exception d'un, à savoir ୧. Etant donné que les autres signes épellent A-TKRTR, il est clair que l'ensemble est le titre grec Autocrator, et que le signe jusque-là sans lecture doit être U. En 2 seuls quelques hiéroglyphes sont déjà connus. Par substitution, on obtient ceci :

$$\boxed{\text{A L} \ \backsim \ \text{S E} \ \backsim \ \text{T R} \ \backsim}$$

On sait par ailleurs que ⌇⌇⌇ apparaît dans le nom de Bérénice, et représente la lettre N. ⌁ est le dernier signe dans l'écriture hiéroglyphique de «Kaisaros», autrement dit César, et représente donc le son S. Certains cartouches renfermant des variantes de l'écriture hiéroglyphique de Cléopâtre commencent par le signe ◡, et il est clair que sa valeur phonétique doit être K. Si l'on insère ces valeurs dans le cartouche ci-dessus, cela donne :

$$\boxed{\text{A L K S E N T R S}}$$

ce qui représente certainement le nom Alexandros, c'est-à-dire Alexandre.

Néanmoins, le problème des signes se trouvant à la fin de la forme plus élaborée du cartouche de Ptolémée demeurait entier. Même si l'on supposait qu'ils représentaient les épithètes royales «vivant éternellement, aimé de Ptah», cette hypothèse restait à prouver. On savait qu'en copte le mot pour «vie» ou «vivant» était *onkh*, que l'on pensait dérivé du mot égyptien ancien *ankh*, représenté par le signe ☥. Il fut donc supposé que les signes suivants ⌐ voulaient dire «éternellement». Là le copte ne fut d'aucune utilité, car le mot égyptien ancien n'avait pas survécu. Le premier signe ⌐, cependant, apparaissait également dans un groupe de hiéroglyphes que, par le grec, l'on savait signifier «appelé» ou «surnommé», et qui, en copte, commençait par la lettre prononcée DJ. Puisque l'on savait que le second signe ⌒ avait la valeur phonétique T, il fut conjecturé que le mot «éternellement» devait se prononcer DJET. Le troisième signe ▭ est un «déterminatif» (voir *infra*, p. 31), et ne se prononçait pas. Ainsi la première épithète ☥⌐ signifie «vivant éternellement».

Pour ce qui est des signes restants ⌐∦▭, le premier a la valeur phonétique P et le second T, c'est-à-dire les deux premières lettres du nom du dieu Ptah; le troisième signe ∦ doit donc avoir la valeur d'une sorte de H. Si les signes ⌐∦ forment le nom de Ptah, alors le signe suivant doit vouloir dire «aimé». Ici encore le copte vint en aide aux premiers déchiffreurs en assignant une valeur phonétique à ▭; le mot copte pour «aimer» est en effet *mere*, et il fut donc supposé que la valeur phonétique du signe était MER. Il convient ici de souligner que nombre des valeurs assignées aux hiéroglyphes par les premiers déchiffreurs ne valait que dans le contexte de noms grecs rendus en écriture égyptienne. En égyptien classique, le hiéroglyphe de la main ⌒ représente en fait la valeur D, et non pas T; de même, △ n'est pas K, mais plus proche de Q. Champollion, à qui cette faiblesse n'avait pas échappé dans ses premiers essais d'interprétation, en tint compte dans le reste de ses travaux. En conséquence, grâce à la comparaison de textes présentant des variantes, et grâce à une utilisation remarquable de sa connaissance du copte, Champollion parvint à élaborer le système de déchiffrement des hiéroglyphes égyptiens qui est dans l'ensemble celui que nous utilisons encore de nos jours.

Le contenu de la Pierre de Rosette

L'inscription de la Pierre de Rosette est la copie d'un décret promulgué par un concile général de prêtres, choisis par le clergé d'Egypte aux quatre coins du pays, et qui se rassembla à Memphis à l'occasion du premier anniversaire du couronnement de Ptolémée v Epiphane, Roi de toute l'Egypte. Le jeune roi avait été couronné en l'an viii de son règne, et donc la première commémoration du couronnement eut lieu dans sa neuvième année de règne; la date précise en est le 27 mars 196 avant J.-C. Au cours de la période ptolémaïque, la plupart des documents officiels ont dû être rédigés dans deux versions, grecque et égyptienne, car la maison régnante et les principaux agents du gouvernement n'étaient pas des Egyptiens mais des Grecs de Macédoine. Les Ptolémées étaient tous descendants de Ptolémée, fils de Lagos; ce dernier était un général d'Alexandre le Grand, qui gouverna d'abord en tant que satrape d'Egypte après la mort d'Alexandre au nom du demi-frère de celui-ci, Philippe Arrhidée, puis au nom du fils d'Alexandre. En 305 avant J.-C. ces deux derniers, Philippe et le fils d'Alexandre, étaient morts, et Ptolémée se trouva suffisamment puissant pour gouverner en son propre nom l'Egypte, en tant que part lui revenant de l'empire d'Alexandre. Il assuma le nom de Ptolémée I Sôter (Le Sauveur).

Il est presque impossible de dire si le décret fut rédigé en premier en grec ou en Egyptien, bien que le rendu d'un mot en particulier dans les sections en égyptien et en grec semble suggérer l'antériorité de la version démotique. Dans le passage concernant le naos de Ptolémée Epiphane, et en particulier les diadèmes, couronnes et symboles hiéroglyphiques dessus, la version grecque est très abrégée, et ne comporte pas la foule de détails donnée dans les versions égyptiennes. Dans le passage en grec, il est question de «sur la surface carrée» pour définir l'emplacement des hiéroglyphes, ce qui ne nous avance pas beaucoup. La version démotique a «sur le côté supérieur de la couronne Atef», et les hiéroglyphes correspondants donnent «sur la partie supérieure de la *ḥp.t*». Le mot *ḥp.t* n'a pas de déterminatif (voir *infra*, p. 31), et peut donc avoir plusieurs significations, dont l'une des plus rares est un type de couronne. L'objet originel représenté par le hiéroglyphe bilitère (voir *infra*, p. 30) avec la valeur phonétique *ḥp* (𓌟) n'a jamais été vraiment identifié bien que, dans sa forme tardive, il rappelle fortement une équerre ouverte. Le mot grec utilisé dans le passage de la Pierre de Rosette est «tetragon», qui veut dire communément «un carré». Il se peut donc que le mot hiéroglyphique signifie réellement un type de couronne comme dans la section démotique, mais fut mal compris comme étant un mot lié au «carré», et fut donc mal interprété en grec. Même si la première rédaction était en démotique, l'approbation par les autorités grecques de chancellerie aurait quand même été requise, et toute modification incorporée dans l'original démotique avant l'élaboration de la version hiéroglyphique.

Le texte concerne les honneurs conférés à Ptolémée V par les temples d'Egypte en retour des services rendus par lui à l'Egypte tant à l'intérieur qu'à l'extérieur du pays. Les privilèges sacerdotaux, surtout ceux de nature économique, sont énumérés dans le détail.

L'inscription, à Rosette, commémorant la découverte de la Pierre de Rosette.

Vieux murs de Rosette semblables à celui dans lequel la Pierre de Rosette était autrefois incorporée.

LA SECTION GRECQUE
DE LA PIERRE DE ROSETTE

Nota: La traduction française s'efforce, dans la mesure du possible, de respecter les lignes du texte grec.

1. Dans le règne du jeune qui a succédé à son père dans la royauté, seigneur des diadèmes, très glorieux, lui qui a rendu stable l'Egypte, qui est pieux

2. envers les dieux, qui triomphe de ses ennemis, qui a rétabli la vie civilisée des hommes, seigneur des Jubilés,[1] comme Hephaistos[2] le Grand, un roi comme le Soleil,[3]

3. grand roi des contrées Supérieures et Inférieures,[4] fils des Dieux Philopators, choisi par Hephaistos, auquel le Soleil a donné la victoire, l'image vivante de Zeus,[5] fils du Soleil, PTOLÉMÉE,

4. VIVANT ÉTERNELLEMENT, AIMÉ DE PTAH, en l'an IX, quand Aétès fils d'Aétès était prêtre d'Alexandre, et des Dieux Sôters, et des Dieux Adelphes, et des Dieux Evergètes, et des Dieux Philopators[6] et

5. du dieu Epiphane Euchariste; Pyrrha fille de Philinos étant Athlophore de Bérénice Evergète; Aria fille de Diogène étant Canéphore d'Arsinoé Philadelphe; Irène

6. fille de Ptolémée étant Prêtresse d'Arsinoé Philopator;[7] le quatre du mois de Xandikos, correspondant pour les Egyptiens au 18ème jour de Mekhir. DÉCRET. Etant ci-présents assemblés les Grands Prêtres et Prophètes et ceux qui pénètrent dans le saint des saints pour vêtir les

7. dieux, et les Porteurs d'éventail et les Scribes Sacrés et tous les autres prêtres

des temples de tout le pays qui sont venus pour rencontrer le roi à Memphis, pour la fête de la prise

8. par PTOLÉMÉE, CELUI QUI VIT ÉTERNELLEMENT, L'AIMÉ DE PTAH, LE DIEU ÉPIPHANE EUCHARISTE, du pouvoir royal dans lequel il a succédé à son père, ceux-ci étant assemblés dans le temple de Memphis ce jour ont déclaré :

9. Vu que le roi PTOLÉMÉE, CELUI QUI VIT ÉTERNELLEMENT, L'AIMÉ DE PTAH, LE DIEU ÉPIPHANE EUCHARISTE, le fils du Roi Ptolémée et de la Reine Arsinoé, Dieux Philopators, a prodigué des bienfaits et aux temples et

10. à ceux qui y vivent, ainsi qu'à tous ceux qui sont ses sujets, étant un dieu issu d'un dieu et d'une déesse (comme Horus le fils d'Isis et d'Osiris, qui a vengé son père Osiris)[8] (et) étant bienveillamment disposé envers

11. les dieux, a dédié aux temples des revenus en argent et en blé et a fait de grandes dépenses pour rendre l'Egypte prospère, et pour établir les temples,

12. et a été généreux de ses propres ressources; et des revenus et taxes levés en Egypte certains il les a supprimés complètement et d'autres il les a allégés, de sorte que le peuple et tous les autres puissent connaître

13. la prospérité pendant son règne; et vu qu'il a remis les dettes envers la couronne

qui étaient nombreuses et étaient dues par ceux d'Egypte et du reste du royaume; et vu que ceux qui étaient

14. en prison et ceux qui étaient accusés de longue date, il les a libérés des charges qui pesaient contre eux; et vu qu'il a ordonné que les dieux continuent à jouir des revenus des temples et des rations annuelles qui leur sont allouées, à la fois en

15. blé et en argent, de même que du revenu assigné aux dieux provenant des champs de vignes et des vergers et autres propriétés qui appartenaient aux dieux du temps de son père;

16. et vu qu'il a également ordonné, concernant les prêtres, qu'ils ne devraient pas payer de plus forte taxe pour l'accession à la charge sacerdotale que ce qui était en vigueur pendant tout le règne de son père et la première année de son propre règne; et qu'il a exempté les membres de la

17. prêtrise du voyage annuel à Alexandrie; et vu qu'il a ordonné que l'enrôlement forcé dans la marine ne soit plus employé; et que de la taxe sur la toile de byssus[9] payée par les temples à la couronne il a

18. remis les deux-tiers; et que toutes les choses qui avaient été négligées par le passé il les a rétablies en l'état qui leur convenait, étant soucieux de voir les devoirs traditionnels accomplis comme il se doit envers les dieux;

19. et que de même il a prodigué la justice à tous, comme Hermès[10] deux fois grand; et qu'il a ordonné que ceux qui reviennent de la classe combattante, et ceux qui étaient dans des dispositions

20. adverses au temps des troubles,[11] puissent, à leur retour, reprendre possession de leurs biens; et vu qu'il a assuré l'envoi des forces de cavalerie et d'infanterie et des navires contre ceux qui envahissaient

21. l'Egypte par mer et par terre, dépensant de vastes sommes en argent et en blé afin d'assurer la sécurité des temples et de tous ceux qui sont dans le pays; et s'étant

22. rendu à la ville de Lycopolis[12] dans le nome Bousirite, qui avait été occupée et fortifiée contre un siège avec une réserve imposante d'armements et autres fournitures (voyant que la dissidence était alors de longue

23. date parmi les hommes impies rassemblés à l'intérieur, qui avaient perpétré de nombreux outrages envers les temples et tous les habitants d'Egypte), et ayant

24. établi un campement contre elle, il l'entoura de remblais et de tranchées et de fortifications élaborées; lorsque le Nil se mit en forte crue en l'an VIII (de son règne), ce qui généralement inonde les

25. plaines, il l'empêcha, en endiguant en plusieurs points les sorties des canaux (dépensant pour cela une somme non négligeable d'argent), et mettant la cavalerie et l'infanterie pour les

26. garder, en peu de temps il prit la ville d'assaut et détruisit tous les hommes impies qui s'y trouvaient, tout comme Hermès et Horus, le fils d'Isis et d'Osiris, avaient autrefois réduit les rebelles dans la même

27. région;[13] et quant à ceux qui s'étaient mis à la tête des rebelles du temps de son père et avaient jeté le trouble dans le pays et avaient fait du tort aux temples, il vint à Memphis pour venger

28. son père et sa propre royauté, et les punit tous comme ils le méritaient, à l'époque où il s'y rendit pour accomplir les cérémonies appropriées pour la prise de possession de la couronne; et vu qu'il décida de remettre ce qui

29. était dû à la couronne par les temples jusqu'à sa huitième année, étant une quantité non négligeable de blé et d'argent; et aussi les amendes pour l'étoffe de

30. byssus non livrée à la couronne, et pour ce qui avait été livré, les divers frais pour la vérification, pour la même période; et

il exempta également les temples de (la taxe de) l'*artabe*[14] pour chaque *aroure*[15] de terre sacrée et de même

31. la jarre de vin due pour chaque *aroure* de vignes; et vu qu'il a fait quantité de dons à Apis et Mnevis et aux autres animaux sacrés d'Egypte, parce qu'il a fait bien plus grand cas que les rois qui l'ont précédé de tout ce qui appartient à

32. eux; et pour leurs funérailles il a donné ce qu'il convenait avec largesse et munificence, et ce qui était payé régulièrement à leurs sanctuaires spéciaux, avec sacrifices et festivals et autres rites coutumiers;

33. et il a perpétué les honneurs dûs aux temples et à l'Egypte selon les lois; et il a orné le temple d'Apis d'œuvres splendides, dépensant pour cela or et argent

34. et pierres précieuses, en quantité non négligeable; et vu qu'il a fondé des temples et des chapelles et des autels, et a restoré ceux qui le nécessitaient, ayant la disposition d'esprit d'un dieu bienfaisant dans tout ce qui touche à

35. la religion; et vu qu'après enquête il a rénové le plus vénérable des temples durant son règne, comme il convient; choses en échange desquelles les dieux lui ont accordé santé, victoire et puissance, et toutes autres bonnes choses,

36. et que lui et ses enfants conservent la royauté pour toujours. AVEC FORTUNE FAVORABLE : Il a été résolu par les prêtres de tous les temples du pays d'augmenter grandement les honneurs existants du

37. Roi PTOLÉMÉE, VIVANT ÉTERNELLEMENT, L'AIMÉ DE PTAH, LE DIEU ÉPIPHANE EUCHARISTE, de même que ceux de ses parents les Dieux Philopators, et de ses ancêtres, les Dieux Evergètes et

38. les Dieux Adelphes et les Dieux Sôters et d'élever dans l'endroit le plus en vue de chaque temple une statue du Roi PTOLÉMÉE, L'AIMÉ DE PTAH, LE DIEU ÉPIPHANE EUCHARISTE,

39. qui sera appelée celle de «PTOLÉMÉE, le défenseur de l'Egypte», au côté de laquelle se tiendra le dieu principal du temple, lui tendant l'arme de la victoire,[16] le tout étant fait (selon le)

40. travail (égyptien); et que les prêtres rendent hommage aux statues trois fois par jour, et les vêtent des habits consacrés, et exécutent les autres rites coutumiers qui sont donnés aux autres dieux en Egypte au cours des

41. festivals; et d'établir pour le roi PTOLÉMÉE, LE DIEU ÉPIPHANE EUCHARISTE, issu du Roi Ptolémée et de la Reine Arsinoé, les Dieux Philopators, une statue et un naos d'or dans chacun des

42. temples, et de le dresser dans le sanctuaire avec les autres naos; et dans les grands festivals au cours desquels les naos sont portés en procession le naos DU DIEU ÉPIPHANE EUCHARISTE sera porté en procession avec eux.

43. Et de sorte qu'il puisse être aisément distingué maintenant et pour toujours, il sera mis sur le naos les dix couronnes d'or du roi, auxquelles il sera adjoint un uraeus[17] exactement comme sur toutes

44. les couronnes avec uraeus qui sont sur les autres naos, mais il y aura au milieu d'elles la couronne appelée *Pschent*[18] dont il se coiffa lorsqu'il pénétra dans le temple de Memphis pour y

45. accomplir les cérémonies de prise de possession de la royauté; et il sera placé sur la surface carrée tout autour des couronnes, à part la couronne déjà mentionnée, des symboles en or (des Deux Terres signifiant)

46. que c'est (le naos) du roi qui rend visibles les contrées Supérieures et Inférieures. Et puisque c'est le 30 Mesore que l'anniversaire de la naissance du roi est célébré, et aussi (le 17 Paophi)

47. qu'il a succédé à son père à la tête du royaume, ils ont décidé d'honorer ces jours en tant que jours éponymes dans les

temples, puisqu'ils sont source de grands bienfaits pour tous; il a été également décrété qu'un festival sera célébré dans les temples de toute l'Egypte

48. pendant ces jours, chaque mois, au cours desquels seront faits sacrifices et libations et toutes autres cérémonies coutumières que l'on fait aux autres festivals (et les offrandes reviendront aux prêtres qui)

49. desservent les temples. Et un festival sera établi pour le Roi PTOLÉMÉE, VIVANT ÉTERNELLEMENT, L'AIMÉ DE PTAH, LE DIEU ÉPIPHANE EUCHARISTE, annuellement dans les temples dans tout le

50. pays depuis le 1er Thoth et pendant cinq jours, au cours desquels ils porteront des guirlandes et accompliront des sacrifices et des libations et les autres rites coutumiers, et les prêtres (dans chaque temple) seront appelés

51. prêtres du DIEU ÉPIPHANE EUCHARISTE en

plus des noms des autres dieux qu'ils servent; et sa prêtrise sera inscrite sur tous les documents officiels (et gravée sur les bagues qu'ils portent);

52. et les personnes privées seront également autorisées à célébrer le festival et dresser le naos mentionné plus haut et l'avoir dans leurs demeures, accomplissant les célébrations mentionnées plus haut

53. annuellement, de sorte qu'il soit connu de tous que les hommes d'Egypte magnifient et honorent le DIEU ÉPIPHANE EUCHARISTE le roi, selon la loi. Ce décret sera inscrit sur une stèle de

54. pierre dure en caractères sacrés [c'est-à-dire hiéroglyphiques] en écriture du pays [c'est-à-dire démotique] et en grec que l'on dressera dans chacun des temples de première, de deuxième et de troisième [catégories] à côté de l'image du roi vivant éternellement.

Notes

1. La Fête Sed, célébrée à l'origine tous les trente ans après le couronnement du roi, pour renouveler les forces physiques du roi.
2. Ptah, dans la version égyptienne.
3. Rê, dans la version égyptienne.
4. Le sud et le nord de l'Egypte, les deux grands royaumes prédynastiques, étaient toujours rappelés dans la titulature royale.
5. Amon, dans la version égyptienne.
6. Alexandre le Grand, Ptolémée I et Bérénice I, Ptolémée II et Arsinoé II, Ptolémée III et Bérénice II, et Ptolémée IV et Arsinoé III respectivement.
7. Prêtres éponymes : prêtres et prêtresses, toujours avec des noms grecs, attachés au culte royal, qui servaient dans leurs fonctions pendant un an, et étaient répartis en deux collèges dans une institution entièrement grecque.
8. C'est-à-dire Horus-vengeur-de-son-père, Harendotes en grec.
9. Lin fin.
10. Thot, dans la version égyptienne.

11. Référence aux années pendant lesquelles, à partir de 205 av. J.-C., la Haute-Egypte avait été gouvernée par deux pharaons indigènes rebelles, d'abord Hor-Ounnefer (anciennement lu Hor-em-akhet) et, à partir de 199 av. J.-C., Ankh-Ounnefer (anciennement lu Ankh-em-akhet).
12. Ville du neuvième nome (région administrative) du Delta, probablement près de Bousiris, mais non identifiée avec certitude.
13. Selon une version de la légende osirienne, ses suivants menés par Horus et Thot vainquirent les partisans de Seth près de là, à Hermopolis Parva.
14. Mesure de grain.
15. Mesure agraire correspondant à environ 2/3 d'acre (environ 2 735 m²).
16. Le *khepesh*, ou cimeterre, l'arme royale que l'on voit souvent donnée au roi par un dieu.
17. Le cobra, symbole de la royauté.
18. De l'égyptien *Pa-sekhemty*, les deux puissances, c'est-à-dire la Double Couronne qui incorporait la Couronne Rouge de Basse-Egypte et la Couronne Blanche de Haute-Egypte.

LA LANGUE EGYPTIENNE ANCIENNE

Le déchiffrement à ses débuts n'était pas aussi simple que la translitération des noms et des épithètes semble le suggérer. Lorsque l'on arrive à la période ptolémaïque, les hiéroglyphes sont pratiquement fossilisés, de sorte que le vocabulaire et la grammaire qu'ils servaient à exprimer n'avaient qu'une lointaine ressemblance avec le vocabulaire et la grammaire du démotique contemporain. Dans la section hiéroglyphique de la Pierre de Rosette, par exemple, le mot utilisé pour «roi» est le titre qui remonte au début de la période dynastique, à savoir «celui du roseau et de l'abeille». Etant donné que le roseau était le symbole de la Haute-Egypte, c'est-à-dire de toute l'Egypte au sud du Delta, et l'abeille symbolisait la Basse-Egypte, c'est-à-dire le Delta, le titre signifiait que son détenteur gouvernait l'Egypte entière. Dans la section démotique, cependant, le mot utilisé est «pharaon», littéralement «la grande maison», ou «le palais» qui, par extension, faisait référence, à partir du Nouvel Empire, à la personne qui résidait dans le palais, c'est-à-dire le roi. Dans la section hiéroglyphique, les Grecs sont désignés par l'ancien terme *Haw nebu*, c'est-à-dire «les Insulaires (Egéens)», tandis qu'en démotique ils sont appelés *Wynn*, terme désignant les Ioniens, parce que c'est avec les Grecs orientaux que les Egyptiens de la Basse Epoque étaient le plus souvent en contact. Un exemple simple qui illustre bien les différences entre les textes hiéroglyphique et démotique est la façon de rendre les mots «stèle de pierre dure». La version hiéroglyphique donne *ahay* (stèle) *nty* (de) *aat* (pierre) *rudj* (dure); la version démotique, *wyt* (stèle) *iny* (pierre) *djery* (dure).

Néanmoins les savants furent capables d'établir que les hiéroglyphes se divisaient en deux catégories, les phonogrammes ou unités de son, et idéogrammes ou unités de sens. En fait, certains hiéroglyphes peuvent être des phonogrammes ou des idéogrammes suivant les circonstances. Parmi les hiéroglyphes phonétiques, qui servent à épeler les mots, certains sont «alphabétiques» tels □(*h*), ⌡(*b*), ⌐(*f*), ▨(*m*), ▨(*g*); d'autres sont bilitères, avec une racine composée de deux consonnes, tels ☜(*gm*), ⌐(*wn*), ▭(*pr*); quelques uns sont trilitères, avec trois consonnes, tels ⌡(*nfr*), ⌐(*htp*), ◢(*sdm*). Les écritures égyptiennes n'écrivent pas les vraies voyelles, mais des semi-voyelles ou consonnes faibles, à savoir ⦗(*i*), ⦗⦗(*y*), ⦑(*w*); les deux sons semi-vocaliques qui n'existent pas en français ▨(*3*) et ⌐(*ꜥ*) sont souvent rendus par *a*.

Les idéogrammes signifient soit l'objet lui-même, par exemple ⊙«soleil» ou ⌒«pays montagneux», auquel cas ils sont généralement suivis d'un trait vertical simple: par exemple ⦶«soleil»; ou si c'est du féminin, d'un *t* (◠)et d'un trait vertical: par exemple ⌒«pays montagneux». Soit ils signifient une idée proche de l'objet dépeint. Ainsi le soleil (⊙) peut représenter «jour»; ou le matériel de scribe (⦷) peut représenter «scribe» ou «écrire». Par extension, les idéogrammes peuvent servir de déterminatifs pour des mots épelés phonétiquement. Ainsi le soleil (⊙) peut servir de déterminatif pour ⌒⊙ *rk*, «temps», 🦆 🏏⊙ *wbn*, «briller», ou 🦅⌒⊙ *3t*, «moment». Un bateau sur l'eau (⛵) peut être utilisé comme déterminatif pour des mots tels que ▱⛵ *dpt*, «bateau», ⬭⛵ *hd*, «naviguer vers le nord» ou 🐦🦆⛵ *iw(y)*, «être sans bateau». Parfois, dans le cas des homonymes (mots de prononciation identique), seuls les déterminatifs permettent de décider à quel mot on a affaire. Ainsi 🍷⌇ *nfrt* peut, selon le déterminatif, vouloir dire «bonnes choses» (⫲), «bétail» (🐄), «belles femmes» (👩), «un nom de l'Au-delà» (⌒⌒) ou «la tombe» (▭).

Les signes bilitères et trilitères sont généralement accompagnés de hiéroglyphes alphabétiques exprimant tout ou partie de leur valeur phonétique. Parfois cependant, ce que l'on appelle le complément phonétique est superflu, comme dans l'écriture de 🍷⌇, qui est lu *nfr*, et non pas *nfrfr*. Mais il est généralement nécessaire pour les mots écrits au moyen d'un signe susceptible d'être lu de plus d'une façon; ainsi le signe 𝍖 peut être lu *mr* ou *3b*. Le complément phonétique rend non-équivoque la lecture qui doit en être faite, à savoir soit 𝍖🦅, soit 𝍖◡.

Dans l'exemple qui suit la phrase en hiéroglyphes montre comment tous ces éléments fonctionnent.

kt	*nt*	*tm*	*rdì*	*pr*	*hf3w*	*m*	*b3b3w*
ket	net	tem	redi	per	hefau	em	babau

«Un autre (remède) pour empêcher que ne sorte un serpent de (son) trou».

Les inscriptions hiéroglyphiques (tout comme les textes rédigés en écritures hiératique et démotique) se lisent généralement de droite à gauche. Pour des raisons de présentation cependant, elles peuvent également être écrites de gauche à droite, ou en colonnes verticales lues de haut en bas. Normalement, la direction dans laquelle les créatures vivantes regardent donne le sens de lecture d'une inscription. Ainsi, dans la phrase citée ci-dessus, les créatures regardent vers la gauche, et donc le texte doit être lu de gauche à droite.

L'ALPHABET HIEROGLYPHIQUE

Etant donné ce qui a été dit plus haut, il est évident qu'il n'est pas possible de compiler, à proprement parler, un «alphabet» de signes hiéroglyphiques. Pour des raisons d'ordre pratique cependant, certains hiéroglyphes unilitères ont été sélectionnés pour former une sorte d'«alphabet» qui est universellement utilisé dans l'élaboration des dictionnaires, listes de mots, index, et comme référence en général. Il se présente ainsi :

Signe	Transcription	Valeur phonétique.
	(vautour) ꜣ	*aleph* hébreu («coup de glotte», comparable au *h* aspiré)
	(roseau fleuri) *i*	Y
	(double roseau fleuri) *y*	Y
	(double trait oblique) *y*	Y
	(avant-bras et main) ꜥ	ꜥ*ayin* sémitique
	(poussin de caille) *w*	OU
	(développement cursif du signe) *w*	OU
	(pied) *b*	B
	(siège) *p*	P
	(vipère à cornes) *f*	F
	(chouette) *m*	M
	(filet d'eau) *n*	N
	(bouche) *r*	R
	(abri en roseaux) *h*	H
	(mèche de lin tressé) *ḥ*	H emphatique
	(placenta?) *ḫ*	KH (comme le *ch* de l'allemand *Achtung*)
	(ventre de mammifère) *ẖ*	comparable au *ch* de l'allemand *ich*
	(verrou de porte) *s*	S
	(étoffe pliée) *s*	S
	(bassin d'eau) *š*	CH
	(colline) *ḳ*	Q
	(corbeille à anse) *k*	K
	(support de jarre) *g*	G
	(galette de pain) *t*	T
	(corde pour entraver les animaux) *ṯ*	TCH
	(main) *d*	D
	(serpent) *ḏ*	DJ